AF628279

Ina Mielkau

# Resteliebe

KIDS

# PAPIER

Alles verwenden.
Nichts verschwenden.

ORIGINELLE
IDEEN
AUS PAPIER

CV

# INHALTSVERZEICHNIS

# Resteliebe Papier

Resteliebe – das heißt, nichts verschwenden, alles verwenden. Gerade wer mit Kindern bastelt, weiß, wie verschwenderisch die Kids mit Materialien umgehen können. Dabei sind farbige oder bedruckte Papiere nicht immer günstig! Aber müssen es denn wirklich immer die teuren Bastelblöcke sein?

Im Haushalt finden sich oft genug Papierreste, die sich noch prima zum Basteln verwenden lassen. Angefangen bei alten Zeitungen über Hochglanz-Magazine, alte, ungeliebte Bücher, Packpapier bis hin zu nicht genutzten Servietten. Mit einer Schere, ein bisschen Farbe und viel Fantasie lassen sich daraus tolle Projekte mit den Kids basteln.

Und vielleicht kann man so auch dem einen oder anderen kleinen Bastelkünstler das Thema Nachhaltigkeit näherbringen. Denn Upcycling ist längst nicht nur etwas für die Erwachsenen.

# DIE WERKZEUGE

Das Wichtigste – außer dem Material – sind Schere, Stift, Lineal und Kleber. Die findest du eigentlich in jedem Haushalt. Dann noch ein bisschen Farbe und die richtigen Pinsel - schon kann's losgehen.

Wer bereits länger bastelt, der hat sicher auch noch ein paar andere nützliche Dinge zur Hand. Zirkel oder ein Tacker können zum Beispiel sehr hilfreich sein. Auch doppelseitiges Klebeband ist ein prima Helfer, wenn ein Kleber seinen Job nicht so schnell macht, wie er soll.

Motivstanzer sind eine tolle Sache beim Basteln mit Papier. Ob du nun Motive in ein Objekt stanzt oder die gestanzten Teile wieder auf etwas anderes aufklebst. Auch eine Lochzange, wie sie für Gürtellöcher verwendet wird, kann nützlich sein. Vor allem, da verschiedene Lochgrößen wählbar sind.

Und noch ein Wort zu den Farben. Acrylfarben eignen sich zum Anmalen der Projekte am besten. Allerdings solltest du hier nicht die billigsten Farben verwenden, denn eine Farbe, die nicht richtig deckt, macht am Ende keinen Spaß. Natürlich ist auch ein Wassermalkasten immer eine Alternative, wenn du mal keine Acrylfarbe zu Hause hast.

Filzstifte, Lackstifte und Kreidemarker sind zusätzlich noch wertvolle Helferlein.

**Eine kleine Hilfe für die kreativen Projekte findest du hinten im Buch ab Seite 70, nämlich Vorlagen zum Nachzeichnen oder Kopieren.**

# KLEINE TIPPS

**TIPP 1**

Bevor du anfängst mit einem Bastelprojekt, schaue zuerst nach, was du alles benötigst, und lege die Materialien auf deinem Basteltisch zurecht.

**TIPP 2**

Ist kein Zirkel im Haus vorhanden, lassen sich Kreise auch mithilfe von Bechern oder Tellern aufzeichnen. Einfach mal nachschauen, was du so an runden Gegenständen findest.

**TIPP 3**

Manchmal bräuchte man sechs Hände beim Basteln, damit nichts verrutscht. Kleine Plastik- oder Metallclips helfen dir beim Fixieren. So kann der Kleber trocknen, ohne dass du einzelne Teile ewig festhalten musst.

**TIPP 4**

Benötigst du für ein Projekt mehrere gleiche Teile, ist es super, wenn du dir zuvor eine Schablone schneidest, die du zum Aufzeichnen immer wieder verwenden kannst.

**TIPP 5**

Für das Mischen der Farben eignen sich Becher ganz prima. Du kannst Joghurt- oder Sahnebecher sammeln und darin einfach deine Farben anmischen.

**TIPP 6**

Beim Origamifalten ist ein Falzbein eine hilfreiche Sache. Wenn du aber keines hast, kannst du auch den flachen Griff vom Essbesteck verwenden, um damit die gefalteten Seiten fest anzudrücken.

**TIPP 7**

Hebe auch kleine farbige Papierschnipsel auf und sammle sie z.B. in einer Klarsichthülle. Man weiß nie, wofür man ein kleines Stückchen gebrauchen kann.

FEDERN AUS MAGAZINSEITEN

# Kunterbunter Federschmuck

Was bist du lieber, wenn du dich verkleidest? Cowboy oder Indianer? Ein Indianer ohne Federn? Nicht denkbar, oder? Aber bis man mal eine schöne Feder gefunden hat, das kann ganz schön lange dauern. Und im Supermarkt gibt es die auch nicht. Also? Mach dir deinen Kopfschmuck doch einfach selbst.

**Übrigens hatten die verschiedenen Indianerstämme früher unterschiedlichen Federschmuck. Die Sioux hatten zum Beispiel andere als die Irokesen. Und die Federn hatten auch eine Bedeutung, die jeder sofort erkannte. Eine rotgefärbte Feder konnte bedeuten, dass der Träger im Kampf verwundet wurde. Eine Feder mit gezacktem Rand stand für vier Heldentaten. Die Federn waren also so etwas wie Abzeichen für einen großen Krieger. Hough!**

1

2

3

4

# FEDERN AUS MAGAZINSEITEN

## MATERIAL

- **Magazinseiten**
- **Blumendraht (evtl. mit Papier umwickelt)**

## WERKZEUG

- **Bleistift**
- **Schere**
- **Kleber**
- **Klebestreifen**

## UND SO GEHT'S

**1.** Aus der Federvorlage von Seite 73 schneidest du dir eine Schablone. Dann kannst du mit dem Bleistift so viele Federn auf dein Papier zeichnen, wie du magst. Großflächige Anzeigen in Magazinen eignen sich prima dafür.

**2.** Für eine Feder benötigst du jeweils 2 Papierteile. Dann schneidest du dir ein Stück Draht ab und knickst es einmal in der Mitte. Das Ergebnis sollte dann ein Stück länger als deine Feder sein. Nun zwirbelst du die Enden des Drahts wie eine Kordel fest zusammen. Das wird der Federkiel. Biege ihn in der Form der Feder und klebe ihn mit Klebestreifen auf den ersten Papierteil deiner Feder.

**3.** Darüber klebst du dann den zweiten Teil. Das Ende des Federkiels mit der Schlaufe schaut nun unten aus der Feder hervor.

**4.** Jetzt kannst du mit einer kleinen Schere die einzelnen Federn einschneiden. Das machst du auf beiden Seiten des Federkiels.

FLIEGENDER HASE

# Meister Lampe fliegt davon …

Nein, wirklich fliegen kann der Hase natürlich nicht. Würde er aber bestimmt manchmal ganz gerne, wenn mal wieder jemand hinter ihm her ist. Tolle Haken kann er ja schlagen, so entkommt er in freier Wildbahn immerhin besser seinen Feinden.

**Aber warum heißt er „Meister Lampe"?**
**Das hat mit der Jägersprache zu tun. Denn sie bezeichnet das Schwänzchen des Hasen als „Lampe". Das nämlich reckt das Tier in die Luft, wenn es flieht, und dabei leuchtet die weiße Färbung an der Unterseite auf. Das sieht ein bisschen so aus, als würde da auf dem Feld eine kleine helle Lampe hin- und herspringen.**

1
FLIEGENDER HASE
VON SEITE XX
OHR HINTEN
OHR VORNE
SCHWANZ
HASENKÖRPER

2
FLÜGEL VORNE
FLÜGEL HINTEN

3

4

5

# FLIEGENDER HASE

## MATERIAL

* **farbige Papierreste**
* **Musterklammern mit Rundkopf**

## WERKZEUG

* **Stift**
* **Schere**
* **Kleber**
* **Nadel**
* **Locher**

## UND SO GEHT'S

**1.** Für deinen fliegenden Hasen findest du eine Vorlage auf der Seite 78. Daraus kannst du dir eine Schablone basteln und diese dann auf hübsche Papierreste übertragen.

**2.** Du kannst deinen Hasen so bunt gestalten, wie du magst. Wenn du eine Vorlage aufgezeichnet hast, nimmst du eine dicke Nadel und pikst an den Stellen mit den Kringeln ein kleines Loch hinein. Dann weißt du später, wo du die Musterklammer befestigst. Dann schneidest du deine Teile aus.

**3.** An den Stellen, wo du deine Nadel reingepikst hast, machst du nun mit einem Locher ein kleines Loch. Dann kannst du die einzelnen Teile mit den Musterklammern verbinden. (Wenn du magst, kannst du deinen Hasen auch einkleiden. Das solltest du aber vor dem Zusammenbauen machen).

**4.** Hier siehst du, wie die Klammern auf der Rückseite auseinandergebogen werden.

**5.** Zum Schluss klebst du noch die Schuhe und die Hände an und malst deinem Hasen ein Auge und die Innenseiten der Ohren auf.

### TIPP

Wenn du hinten an deinem Hasen einen kleinen Stab anbringst, kannst du ihn für ein Schattentheater verwenden. Am besten bastelst du dir noch ein paar andere Figuren. Vielleicht einen tanzenden Bären oder ein boxendes Känguru.

## FAULTIER-GIRLANDE

# *Mal so richtig faul sein!*

Keine Energie heute? Dann einfach mal bis mittags im Bett liegen bleiben. Oder Frühstück im Bett und gar nicht erst aufstehen. Ein bisschen lesen und wieder einschlafen. Nachmittags rumgammeln, einen Film gucken und gleich danach ins Bett. Das wäre doch mal so ein richtiger Faultiertag.

**Dabei sind Faultiere gar nicht so faul. Sie schlafen auch nur acht Stunden täglich. Sie sind nur nicht so schnell. Den ganzen Tag mampfen sie Blätter, die sie aber nur gaaaanz langsam verdauen können. Daher dauert es ein bisschen, bis sie genügend Energie haben. Und wenn man keine Energie hat, dann bewegt man sich eben nur behäbig oder möglichst wenig. So wie du, wenn du morgens kein Frühstück hattest.**

1
Lumocolor

2

3

4

# FAULTIER-GIRLANDE

## MATERIAL

* **Magazinseiten**
* **Schnur**

## WERKZEUG

* **Stift**
* **Schere**
* **Kleber**
* **Zickzackschere**

## UND SO GEHT'S

**1.** Auf Seite 75 findest du Vorlagen für die Faultiere. Daraus kannst du eine Schablone machen und diese immer wieder verwenden. Mit der Schablone zeichnest du dann deine Faultiere auf die alten Magazinseiten (du kannst natürlich auch Papierreste von anderen Bastelarbeiten verwenden).

**2.** Dann schneidest du deine ganzen Faultiere aus. So viele, wie du möchtest bzw. wie lang deine Girlande werden soll. Die Füße kannst du mit einer Zickzackschere abschneiden, so erhältst du die Krallen des Faultieres. Die Gesichter kannst du auf ein farbiges Papier zeichnen, ausschneiden und anschließend aufkleben.

**3.** Genug Faultiere gebastelt? Falte nun ein Stückchen der Arme und Beine um, lege deine Schnur in die Falten und klebe sie fest. Du musst übrigens nicht immer alle Arme und Beine festkleben. Das Faultier ist ein kleiner Akrobat und kann auch mal an einem Arm hängen.

**4.** Damit dein Faultier immer genügend zu fressen hat, schneidest du noch ein paar Blätter aus und klebst sie ebenfalls an die Schnur oder an eine Hand oder einfach mitten auf das Faultier. Dann kannst du deine Faultier-Girlande aufhängen und wieder ins Bett gehen.

BALLONFAHRT

# Eine Ballonfahrt, die ist lustig...

... eine Ballonfahrt, die ist schön. Da kann man die Heimat von oben sehen. In einem Ballon könntest du über dein Haus schweben und deinen Freunden zuwinken. Oder du steigst höher hinauf und siehst die Vögel unter dir. Leider lässt sich ein Ballon nicht in eine bestimmte Richtung lenken, so dass du nie genau weißt, wo du landen wirst.

**Es gab einmal einen Mann, der hat ganz viele Ballons an einen Gartenstuhl gebunden und ist damit in die Luft gestiegen. Eigentlich wollte er nur ungefähr hundert Meter hoch fliegen und dann wieder auf der Erde landen. Aber die Ballons waren mit Gas gefüllt und haben ihn fast 5000 Meter in die Höhe steigen lassen. Das hat eine ganze Weile gedauert, bis er wieder runter kam.**

1

4

2
Glue
8g

3

5

# BALLONFAHRT

MATERIAL

* **Magazinseiten**
* **farbiger Papierbogen (19 cm x 19 cm)**
* **Schnur**

WERKZEUG

* **Stift**
* **Schere**
* **Kleber**
* **Clips**
* **Nadel**
* **Lochzange**
* **Lineal**

UND SO GEHT'S

**1.** Mit der Vorlage auf Seite 73 zeichnest du 20 Ballonumrisse auf. Dazu faltest du jeweils ein Magazinblatt, legst die Schablone an die geschlossene Kante, malst die Form nach und schneidest sie anschließend aus. Deine „Wunschseite" sollte innen liegen.

**2.** Nachdem du alle 20 Ballonteile ausgeschnitten hast, klebst du sie gefaltet aufeinander. Am Ende verklebst du den ersten und den letzten Ballonteil, so dass du das Ganze später wie eine Kugel auffalten kannst.

**3.** Dann faltest du aus dem farbigen Papierbogen ein Körbchen für deinen Ballon. Verwende dazu die Anleitung von Seite 74. Mache anschließend in jeder Ecke ein kleines Loch an den oberen Rand des Körbchens.

**4.** Zähle dann immer 4 Ballonteile ab und klipse sie zusammen. In das Fünfte machst du jeweils unten ein kleines Loch, so dass du am Ende 4 Löcher hast. Nun misst du 4 Schnüre mit ca. 30 cm – 40 cm ab. Fädle eine Schnur auf eine Nadel und ziehe sie, so wie in Abb. 4 gezeigt, an die erste Seite deines Ballons und durch 2 Löcher des Körbchens. Das wiederholst du noch 3-mal. Verknote deine Schnüre, damit sie nicht wieder herausrutschen.

**5.** Zum Schluss fädelst du noch einmal eine lange Schnur auf und stichst sie am oberen Ende des Ballon ein, damit du ihn aufhängen kannst.

PAPER DOLLS

# Mit Dolly auf Reisen

Dolly will verreisen. Vielleicht mit einer Freundin. Da braucht sie natürlich etwas Schickes zum Anziehen. Etwas Sommerliches für den Strand, etwas Lässiges für einen Stadtbummel. Etwas Hübsches für einen Besuch in einer Galerie. Kleide Dolly ein und gehe mit ihr zusammen auf Reisen.

**In den Ferien fahren wir gerne in Urlaub. Am liebsten weit weg ans Meer. Mit dem Flugzeug, dem Zug oder dem eigenen Auto. Das war aber nicht immer so. Vor vielen Hundert Jahren verreiste niemand einfach so aus Spaß. Händler reisten umher, um ihre Waren zu verkaufen, Pilger reisten zu heiligen Stätten und Eroberer reisten, um neue Welten zu entdecken. Frauen waren eigentlich nie alleine unterwegs, denn Reisen war damals sehr gefährlich. Zum Glück ist das heute alles viel einfacher, so dass man mal mit einer Freundin in Urlaub fahren kann.**

1

3

2

4

# PAPER DOLLS

## MATERIAL

* Magazinseiten
* farbige Papiere
* weißes Papier mind. 250 g stark

## WERKZEUG

* Stift
* Schere
* evtl. Stanze
* Lineal
* evtl. Kleber

## UND SO GEHT'S

**1.** Auf den Seiten 70 – 71 findest du Vorlagen für Dolly und ihre Garderobe. Kopiere dir Dolly (am besten auf etwas festeres Papier) und schneide sie aus, oder zeichne sie selbst und male sie anschließend aus. Auch die Kleidungsstücke kannst du als Vorlage verwenden und ausschneiden.

**2.** Dann suchst du dir hübsche Papierreste von deinen letzten Bastelarbeiten und überträgst deine Vorlage mit einem Stift auf das Papier.

**3.** Statt des Bastelpapiers kannst du auch Seiten aus Magazinen verwenden. Vielleicht aus einem alten Modemagazin.

**4.** Dann schneidest du deine Kleidungsstücke aus. Vielleicht malst du noch ein paar Details auf. Dann ist Anprobe. Schau was Dolly am besten tragen kann.

### TIPP

Für deine eigene kleine Modegalerie kannst du dir mehrere Dollies basteln und sie auf Anzeigen eines Magazins kleben. Vielleicht findest du tolle Fotos in einem Reisemagazin.

Und der Schöpfer
Gedicht, das ja in
wörtlich im Vergl
große Wurf gelung
des Weib errungen
Verlobte Dora. Und
sem Bund? Weiner
einzigen, seinem
zwiespältiges Verh

# Osterkörbchen für liebe Freunde

Hast du schon mal daran gedacht, für deine Freunde den Osterhasen zu spielen? Bastel ihnen doch ein kleines Papierkörbchen und lege eine kleine Nascherei hinein. Deine Freunde werden sich sicher freuen, auch wenn sie nicht mehr an den Osterhasen glauben.

**Wusstet du, dass in Deutschland, ähnlich wie zur Weihnachtszeit mit dem Weihnachtspostamt, auch Briefe an den Osterhasen verschickt werden können? Bringst du sie rechtzeitig auf den Weg, beantwortet der Osterhase deine Post ;) Die Adressen findest du auf Seite 73.**

1

2

3

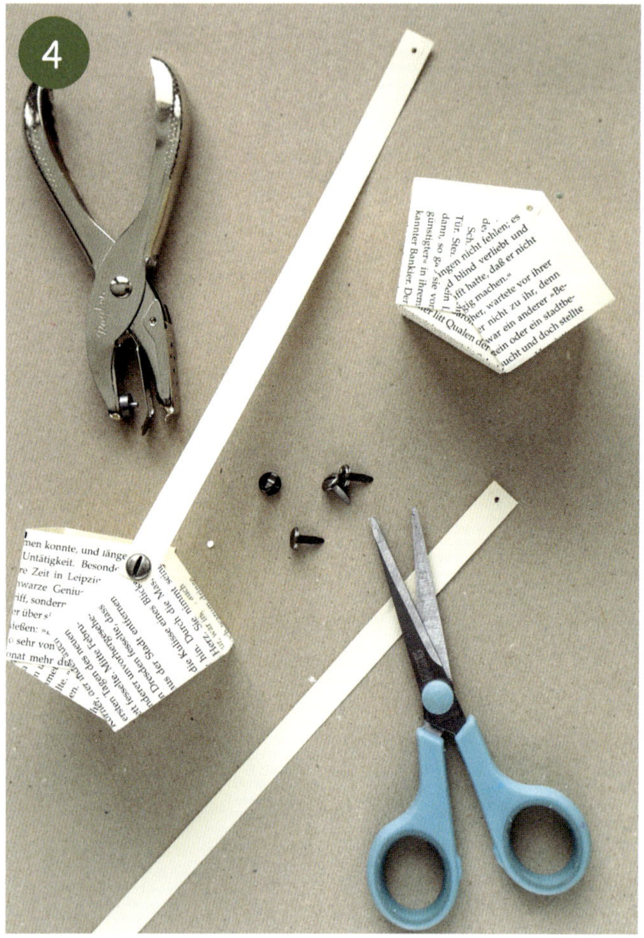
4

5

# OSTERKÖRBCHEN

MATERIAL

* **Buchseiten**
* **Briefklammern in Schraubenoptik**
* **Osterwolle**

WERKZEUG

* **Stift**
* **Schere**
* **Kleber**
* **Lineal**
* **Lochzange**

UND SO GEHT'S

**1.** Löse eine Buchseite vorsichtig aus einem alten Buch. Aus dieser schneidest du ein quadratisches Stück heraus. Wähle am besten eine Größe, die man leicht durch 3 teilen kann. Zeichne das Raster mit Lineal und Bleistift auf den kleinen Bogen.

**2.** Dann faltest du deinen Buchbogen an den Linien jeweils nach innen. Anschließend schneidest du mit der Schere an zwei gegenüber liegenden Seiten den Bogen bis zum mittleren Quadrat ein.

**3.** Das mittlere Quadrat faltest du leicht nach innen und die beiden äußeren Seiten schiebst du nun soweit zusammen, bis sich ihre Spitzen oben berühren. Dann kannst du sie zusammenkleben.

**4.** Schneide nun schmale Streifen aus deinen Buchseiten für die Henkel. An beiden Seiten des Henkels stanzt du ein kleines Loch. Ebenso in die Seite deines Körbchens. Durch diese Löcher steckst du die Briefklammern und biegst sie auf der Rückseite auseinander.

**5.** Zum Schluss füllst du dein Körbchen noch mit Holzwolle, Ostergras oder Moos und legst ein kleines Geschenk hinein.

DANKE
Mama
DU BIST
die Beste
DEINE LOTTA

SERVIETTENBLUME

# Für die beste Mutti der Welt

Oh, schon wieder Muttertag?
Welche Mutti freut sich nicht über etwas Selbstgebasteltes?
Ein kleiner Strauß Blumen, der das ganze Jahr über frisch bleibt, ist da eine prima Idee. Und ein paar ungenutzte Servietten findet man bestimmt auch.

**Am Muttertag ehrt man seine Mutti. Klar, oder? Und das geht am besten mit einem kleinen Geschenk. Konfekt, Pralinen oder Blumen. Blumen sind übrigens das mit deutlichem Abstand meistgekaufte Geschenk zum Muttertag. Und da man die auch selbst machen kann, hat man fix ein passendes Präsent.**

1
a)
b)
c)

2

3

4

5

6

# SERVIETTENBLUME

MATERIAL

- **Servietten**
- **Gummis**

WERKZEUG

- **Schere**
- **Clips**
- **Lineal**

TIPP

Du kannst deine Blüten an eine Schnur zu einer Girlande binden, oder du verwendest Pfeifenputzer als Blumenstiele und stellst deine Blumen in ein Gefäß.

UND SO GEHT'S

**1.** Falte zunächst deine Serviette auseinander und zerschneide sie in 4 gleiche Quadrate. Falte dann das erste Quadrat nach oben (a) , anschließend nach rechts (b) und dann noch einmal die Spitze nach links (c).

**2.** Nun musst du den Bogen schneiden. Damit deine Serviette nicht verrutscht, klemme sie mit einem Clips an der offenen Kante fest. Schneide dann deinen Bogen.

**3.** Falte alle 4 Teile deiner Serviette und schneide sie zu. Dann falte die Teile auseinander. Damit deine Blume später noch fluffiger wird, kannst du nun die einzelnen Schichten der Serviette (es sind meistens 3) auseinanderfalten.

**4.** Für den Innenteil kannst du eine andere Serviette verwenden. Schneide dir 2 Teile mit dem Maß 10 cm x 14 cm zu. Verwende nur jeweils die farbig bedruckte Schicht. Lege beide Teile aufeinander und falte sie einmal längs. Dann machst du an der offenen Seite viele kleine Schnitte. Lass dabei an der geschlossenen Seite ca. 1 cm Rand. Rolle anschließend den Streifen zu einer Quaste auf.

**5.** Lege nun die weißen Schichten übereinander und stecke deinen Blütenstempel hinein. Nacheinander legst du dann die einzelnen, farbigen Blätter von unten drumherum.

**6.** An der Unterseite musst du deine Blume ein wenig zusammendrücken und anschließend mit einem kleinen Gummi zusammenbinden.

ORIGAMI-STIFTEHALTER

# Immer so ein Zirkus!

Räum dein Zimmer auf! Räum deine Sachen weg! Lass nicht alles rumliegen! Jaaaa, jaaaa. Dabei ist Aufräumen doch gar nicht so schwer. Vor allem nicht, wenn alles seinen festen Platz hat. Stifte, Pinsel und Schere gehören in ein cooles Zirkuszelt. Logisch, oder?

**Das Wort „Ordnung" kann man sehr kompliziert erklären. Doch danach hättet ihr erst recht keine Lust mehr, eure Sachen aufzuräumen. Aber mal ganz ehrlich: Ist es nicht toll, wenn man immer weiß, wo was ist? Die Stifte stecken im Stiftebecher, die Schere hängt am Haken an der Wand. Locher und Klebeband-Abroller stehen in der Schublade. Die Hefte sind im Ranzen und das Kuscheltier im Bett, wo es hingehört!**

1

2

3

4

5

# ORIGAMI-STIFTEHALTER

## MATERIAL

* alte Magazine
* evtl. Holzspieß

## WERKZEUG

* Stift
* Schere
* Kleber
* Lineal

## UND SO GEHT'S

**1.** Aus alten Magazinen schneidest du dir aus 6 schönen, farbigen Seiten gleich große Quadrate aus. Sie sollten mindestens 20 cm x 20 cm groß sein. Dann faltest du deine Quadrate einmal in der Mitte.

**2.** Anschließend faltest du die rechte und die linke obere Ecke zum Mittelfalz.

**3.** Die untere Seite nun nach oben, bis zu den beiden Dreiecken falten.

**4.** Nun wiederum die rechte und die linke Seite zur Mitte falten.

**5.** Unten sind nun kleine Taschen entstanden. Öffne eine der Taschen und gib etwas Kleber hinein.

*Auf der nächsten Seite geht es weiter ...*

6

7

8

9

10

# ORIGAMI-STIFTEHALTER

## UND SO GEHT'S WEITER

**6.** Dann schiebst du die andere Seite komplett in diese Tasche und klebst alles zu. So erhältst du eine kleine dreieckige Tüte, die unten offen ist. Davon erstellst du insgesamt 6 Stück.

**7.** Diese 6 kleinen Tüten klebst du nun alle zu einem Sechseck aneinander.

**8.** Das Sechseck stellst du anschließend auf ein Stück festes Papier (oder ein Stück Karton) und malst mit einem Stift den Boden nach.

**9.** Schneide nun den sechseckigen Boden mit der Schere aus.

**10.** Nun kannst du den Boden mit Kleber an der Unterseite der zusammengeklebten Tüten festkleben. Dein Stiftehalter ist nun geschlossen, so dass die Stifte nicht herausrutschen können.

Wenn du magst, kannst du noch einen kleinen Holzspieß in den Stiftehalter stecken und eine kleine Fahne ankleben.

PAPIERKRÖNCHEN

# Prinzessin oder gute Fee?

Eine gute Fee könnten wir manchmal schon gebrauchen, oder? Sie ist gutmütig und hilfsbereit und belohnt uns für unser gutes Verhalten. Wenn wir Glück haben, dann erfüllt sie uns drei Wünsche. Was wären deine drei Wünsche, wenn dir eine gute Fee begegnen würde?

**Eine Prinzessin zu sein ist dagegen gar nicht so einfach. Man kann sich von einem Drachen entführen lassen und wird in allerletzter Sekunde von einem Prinzen gerettet ... oder man küsst einen mega ekligen Frosch, der sich dann in einen Prinzen verwandelt. Oder man lernt einfach einen Prinzen kennen, verliebt sich und heiratet. Aber so toll ist das auch nicht, denn man kann sich in der Öffentlichkeit nicht mehr bewegen, ohne dass man ständig beobachtet wird. Und wer will das schon???**

1

2

3

4

5

6

# PAPIERKRÖNCHEN

MATERIAL

- Geschenkpapier

WERKZEUG

- Schere
- Lineal
- Kleber

UND SO GEHT'S

**1.** Schneide aus einem Rest Geschenkpapier 8 gleich große Quadrate mit einer Größe von ca. 9 cm x 9 cm aus. Falte nun die Spitzen eines Quadrates nach links zueinander.

**2.** Öffne den Bogen wieder und falte einen kleinen Drachen. dazu die linke und rechte Seite zur Mittellinie falten.

**3.** Falte die untere, kleine Spitze nach oben.

**4.** Dann den unteren Teil mit der Spitze einmal nach oben falten.

**5.** Und gleich noch einmal. Dies ist ein fertiges Teil deiner Krone. Das machst du mit allen 8 Quadraten.

**6.** Klappe anschließend den Streifen des ersten Dreieckes, den du in Schritt 5 gefaltet hast, wieder auf und bringe Kleber an den markierten Stellen an (*).

*Auf der nächsten Seite geht es weiter ...*

7

8

9

## UND SO GEHT'S WEITER

**7.** Lege ein weiteres Dreieck wie abgebildet auf das erste Dreieck.

**8.** Klappe dann das erste Dreieck wieder nach oben, um die beiden Teile zu verkleben. Wiederhole den Vorgang mit Öffnen und Kleben mit allen Dreiecken.

**9.** Am Ende verbindest du das erste mit dem letzten Dreieck zu einem Kreis. Dabei sollten die offenen Seiten der Dreiecke innen liegen.

**TIPP**

Natürlich kannst du dein Krönchen anschließend noch verzieren. Zum Beispiel mit kleinen Bommeln oder Glitzersteinen. Du kannst auch mit einem Stift noch Muster aufmalen. Oder ausgestanzte Kreise aufkleben.

Ich bin der größte Pirat aller Zeiten!
Da hol mich doch der Klabautermann, du entenbeiniger, gurkengesichtiger zahnlückiger Fleischklops! Ich! Ich bin der größte Pirat aller Zeiten.

# Schätze suchen und richtig fluchen …

Ja, so ein Pirat kann ganz schön heftig fluchen. Selbst wenn er einen Schatz findet, kommen ihm die wildesten Flüche über die Lippen. Er stürzt sich von einem Abenteuer ins nächste und hat vor nichts Angst. Allerdings ist er auch ein bisschen abergläubisch, denn es gibt etwas, wovor er sich ziemlich fürchtet.

**Nämlich vor dem Klabautermann. Das ist ein Kobold, der im Laderaum des Schiffes wohnt. Dort hämmert und klopft er herum. Meistens ist er unsichtbar. Man sagt, er habe rote Haare, grüne Zähne und rauche eine Pfeife. Wenn er sich auf dem Schiffsdeck blicken lässt, dann soll das ein schlechtes Zeichen sein. Vielleicht kommt ein Sturm auf und das Schiff könnte untergehen. Nach einem alten Seemannsbrauch gehört daher auf jedes Schiff ein Huhn zur Abschreckung des Klabautermanns. Davor fürchtet sich nämlich der Klabautermann.**

1

2

3

4

# WILDE PIRATEN

## MATERIAL

* **Bogen Papier**
* **Holzwäscheklammern**

## WERKZEUG

* **Schere**
* **Kleber**
* **Malstifte**

## UND SO GEHT'S

**1.** Auf Seite 76 findest du eine Vorlage für zwei Piraten. Du kannst diese kopieren oder abzeichnen. Oder vielleicht malst du auch deine eigenen Piraten. Achte darauf, dass sie ungefähr die Größe der Vorlagen haben. Male sie bunt an und schneide sie anschließend aus. Am besten mit einer kleinen Schere.

**2.** Dann schneidest du deinen Piraten genau zwischen der oberen und unteren Zahnreihe auseinander.

**3.** Nimm nun deine Holzklammer und klebe die beiden ausgeschnittenen Teile auf die beiden Klammerhälften. So, dass die Zähne wieder übereinander liegen.

**4.** Ist der Kleber angetrocknet, kannst du die Klammer auf und zudrücken und losfluchen ...

**TIPP**

Du magst keine Piraten? Für diese Klammer-Figuren eignen sich auch gefährliche Tiere ganz prima. Wie wäre es zum Beispiel mit einem Dinosaurier?

VOLLMILCHSCHOKOLADE

## GESCHENKPAPIER

# Dein eigenes Geschenkpapier

Manches Geschenkpapier ist so schön, dass man es aufheben möchte, um es wieder zu verwenden. Das könnte deinem selbstgemachten Papier auch passieren. Es wäre doch auch wirklich zu schade, ein handbedrucktes Weihnachtspapier einfach so in den Müll zu entsorgen. Also, ein bisschen glattstreichen, falten und für das nächste Weihnachtsfest aufheben.

**Geschenkpapier gibt es zu fast jedem Anlass. Weihnachten, Ostern, Geburtstag, Hochzeit etc. Meistens kauft man es auf einer Rolle, damit es nicht zerknittert. In Japan verpackt man Geschenke auch gerne in einem Tuch. Das nennt sich dann Furoshiki. So ein quadratisches Tuch ist super praktisch, denn das kann man unendlich lange wiederverwenden. Einfach waschen, bügeln und wieder ein Geschenk einwickeln!**

1

2

3
PRIMO
Acryl

4

# GESCHENKPAPIER

## MATERIAL

* **altes Packpapier**
* **Moosgummiplatte**

## WERKZEUG

* **Schere**
* **Bleistift**
* **Acrylscheiben**
* **doppelseitiges Klebeband**
* **Acrylfarben**
* **Schaumstoffstempel**

## TIPP

Wenn du eine etwas größere Druckplatte hast, kannst du auch mehrere Formen gleichzeitig auf deine Platte kleben. So geht es etwas schneller.

## UND SO GEHT'S

**1.** Mit einem Bleistift zeichnest du deine Vorlagen vorsichtig auf das Moosgummi. Hier kannst du kreativ werden. Wenn du magst, findest du aber auch auf Seite 77 ein paar Vorlagen. Schneide dann mit einer kleinen Schere deine Formen aus.

**2.** Nun klebst du deine kleinen Moosgummiformen mit doppelseitigem Klebeband auf eine kleine Acrylplatte. Die hat den Vorteil, dass du auch von der anderen Seite immer siehst, wo du deinen Stempel aufsetzt. Natürlich geht auch ein kleines Holzklötzchen oder eine sehr dicke Pappe.

**3.** Gib nun ein wenig Farbe auf eine passende Unterlage und stupse mit dem Schaumstoffstempel, um die Farbe zu verteilen. Dann stupst du die Farbe auf deinen Moosgummistempel.

**4.** Nun kannst du dein Packpapier bedrucken. Ganz wie du magst. Immer schön in einer Reihe oder einfach wild durcheinander. Du kannst verschiedene Farbe verwenden und auch einfach die Stempel übereinander drucken. Verwende große und kleine Formen, das macht es noch spannender.

Vergiss nicht, am Ende deine Stempel wieder zu reinigen. Wenn du sie von der Platte abziehst, kannst du sie aufheben und später immer wieder verwenden.

TIERGARTEN

# Wilde Tiere leicht gezähmt

Welches Tier im Zoo magst du am liebsten?
Die ganz großen Tiere? Wie Elefanten oder Giraffen? Oder die gefährlichen Tiere wie der Löwe oder das Krokodil? Oder magst du womöglich lieber Schlangen und Spinnen? In einem Zoo gibt es von allem etwas.

**Früher nannte man die Zoos meistens Tiergärten. Wie zum Beispiel der Tiergarten Schönbrunn in Wien oder der Tiergarten Nürnberg. Der Name Zoo kam erst später, dafür kennt man ihn nahezu auf der ganzen Welt.**

**Wer all diese großen, gefährlichen oder seltsamen Tiere nicht mag, für den gibt es auch eine andere Art Zoo. Den Streichelzoo nämlich. Da kann man Tiere streicheln und sogar manchmal auch füttern.**

1
pro Portion (250 ml)

2

3
STYLEX
FINE POINT-PERMANENT MARKER

4

# TIERGARTEN

## MATERIAL

* **Milchtüten (1 Liter)**

## WERKZEUG

* **Schere**
* **Filzstifte/Kreidemarker**
* **Bleistift**
* **Kleber**

## UND SO GEHT'S

**1.** Nimm eine leere Milchtüte und spüle sie gut aus. Dann faltest du sie auseinander und schneidest den Teil mit dem Ausgießer ab und am unteren Rand knapp an der Kante entlang. An der Stelle, wo das Papier der Milchtüte zusammengeklebt ist, kannst du nun die obere, bedruckte Schicht vorsichtig abziehen. Für deine Tiere verwendest du den unbedruckten Teil.

**2.** Zeichne dir deine Zootiere am besten vor, dann kannst du sie immer wieder als Schablone verwenden. Ein paar Vorlagen findest du auf Seite 72. Falte dann ein Stück deiner Milchtüte zusammen und lege deine Vorlage an die geschlossene Kante, zeichne sie mit einem Bleistift nach. Vergiss nicht, auch die Stelle zu markieren, wo später z.B. die Ohren oder die Mähne des Löwen eingesteckt werden. Dann schneidest du alles mit der Schere aus und schneidest die markierten Stellen ein kleines Stückchen ein.

**3.** Hast du genügend Tiere für deinen Zoo zusammen, kannst du sie anmalen. Mit Filzstiften und Kreidemarker. Natürlich kannst du sie auch kunterbunt anmalen, ganz wie du magst.

**4.** Zum Schluss brauchst du nur noch die fehlenden Teile deiner Tiere in die Schlitze stecken. Etwa die Ohren, die Mähne des Löwen oder das spitze Horn vom Nashorn ...

## BILDERRAHMEN

# Perfekt in Szene gesetzt …

Bilder auf dem Handy oder der Digitalkamera zu haben ist ganz nett, aber in einem richtigen Bilderrahmen machen die Lieblingsfotos doch viel mehr her. Man kann sie sich ständig anschauen, sie austauschen und die eigene kleine Galerie ständig erweitern.

**Es gibt viele Möglichkeiten, deine Bilder und Fotos zu zeigen. Schwere Holzrahmen mit Gold verziert. Schlichte Metallrahmen, bunte Kunststoffrahmen. Rahmenlose Bildhalter, bei denen eine Glas- oder Acrylplatte durch Klipse fixiert wird. Oder Acrylglasbilder: Da ist dann einfach das Bild von hinten auf eine Platte gedruckt. Und natürlich auch die digitale Version: Hier laufen deine Lieblingsbilder wie eine Diashow auf einem kleinen Bildschirm ab.**

1

2

3
Universal
UHU

4
Universal
UHU

# BILDERRAHMEN

MATERIAL

* **Magazinseiten**
* **Karton**
* **Bilderaufhänger**

WERKZEUG

* **Bleistift**
* **Schere**
* **Lineal**
* **Kleber**

UND SO GEHT'S

**1.** Für deinen kleinen Bilderrahmen benötigst du 12 kleine Röllchen. Dafür schneidest du dir aus Magazin- oder Prospektseiten kleine Rechtecke aus mit einem Maß von 6 cm x 8 cm. Suche dir bunte Seiten heraus, die auch farblich zueinander passen. Am besten misst du die Rechtecke mit einem Lineal ab, damit alle Röllchen später auch die gleiche Größe haben.

**2.** Dann nimmst du dir einen runden Stift und rollst deine kleinen Zettel damit auf. Achte darauf, dass sich das Röllchen auf dem Stift noch bewegen lässt. Klebe das Ende fest und ziehe das Röllchen ab.

**3.** Hast du 12 Röllchen gemachts, schneidest du dir eine feste Pappe mit dem Maß 10,5 cm x 10,5 cm zu. In die Mitte der Pappe kannst du nun ein Foto kleben (ungefähr 6 cm x 6 cm).

**4.** Nun klebst du die Röllchen der Reihe nach auf, so wie du es links im Bild siehst. Am Ende bringst du noch den Bilderaufhänger an und schon kannst du den Bilderrahmen aufhängen.

TIPP

Wenn du einen größeren Rahmen bastelst, kannst du oben eine kleine Holzklammer festkleben, um deine Fotos einzuhängen. So kannst du sie auch einfach mal auswechseln.

RAKETEN-MOBILE

# Ich sehe die Erde, sie ist so wunderschön ...

Einmal die Erde von oben sehen? Das wäre toll. Mit einer Rakete ins All fliegen und auf den blauen Planeten Erde blicken. Wenn du Astronaut werden willst, solltest du schon mal anfangen zu büffeln, denn die Anforderungen für Astronauten sind sehr hoch. Aber vielleicht kann man ja irgendwann einfach so einen Ausflug in den Weltraum machen. Mit einem Weltraum-Taxi ;)

**Der erste Mensch im Weltraum war Juri Gagarin. Er war ein russischer Kosmonaut. Er war erst 27 Jahre alt, als er mit der Rakete *Wostok* ins All startete. Er flog in 108 Minuten einmal um die Erde, um dann wieder zu landen. In Russland sagt man übrigens „Kosmonaut", was so viel bedeutet wie Weltraumfahrer. Ein „Astronaut" ist demnach ein Sternenfahrer. Beides sind Menschen, die an einem Flug ins Weltall teilnehmen.**

1

2

3

4

5

# RAKETEN-MOBILE

### MATERIAL

* **Magazin- oder Prospektseiten**
* **Perlonschnur**
* **2 Holzringe ca. 20 cm Ø**

### WERKZEUG

* **Schere**
* **Nadel**
* **Lineal**
* **evtl. Kleber**

### UND SO GEHT'S

**1.** Schneide dir für die Raketen 4–5 Magazinseiten im Format von ca. 20 cm x 20 cm zu. Lege sie mit der Motivseite nach oben vor dich hin und falte zunächst die Kanten zueinander.

**2.** Wende dann dein Quadrat und falte jeweils die Spitzen zueinander. Streiche deine gefalteten Kanten immer gut fest. Entweder mit dem Daumennagel oder z.B. mit dem Griff eines Löffels.

**3.** Lege dein Quadrat gerade vor dich hin und klappe nun die linke und rechte Kante nach innen. Du erhälst somit ein Dreieck.

**4.** Falte anschließend den linken und rechten Flügel zur Mittellinie.

**5.** Die Spitzen der kleinen Flügel faltest du anschließend noch einmal zur Mittellinie.

*Auf der nächsten Seite geht es weiter ...*

6

7

8

9

10

## UND SO GEHT'S WEITER

**6.** Die beiden unteren Spitzen faltest du wie abgebildet nach links und nach rechts weg. Das sind die Raketenfüße. Anschließend wendest du dein Objekt.

**7.** Wiederhole auf dieser Seite die Schritte 4–6. Die Rakete ist nun fertig gefaltet.

**8.** Öffne an der Unterseite deine Rakete und drücke mit einem Finger alle Seite gleichmäßig nach außen. Nun kannst du deine Rakete aufstellen.

**9.** Mit einer kleinen Nadel fädelst du einen dünnen Perlonfaden auf. Mache ihn ausreichend lang und steche oben durch die Spitze deiner Rakete. Dann verknotest du deinen Faden.

**10.** Hast du genügend Raketen (oder auch Sterne und Planeten) gebastelt und aufgefädelt, kannst du sie an einen Holzring binden. Lass die Fäden unterschiedlich lang.
Zum Schluss musst du noch 4 lange Perlonfäden an deinen Ring binden, oben zusammenfassen und verknoten, damit du das Mobile aufhängen kannst.

### TIPP

Besonders schön wird dein Mobile, wenn du zwei Holzringe mit verschiedenen Durchmessern verwendest, etwa 20 cm und 16 cm. Klebe die Ringe einfach an einer Seite zusammen.

DOLLY
SEITE 24

ZOOTIERE
SEITE 56

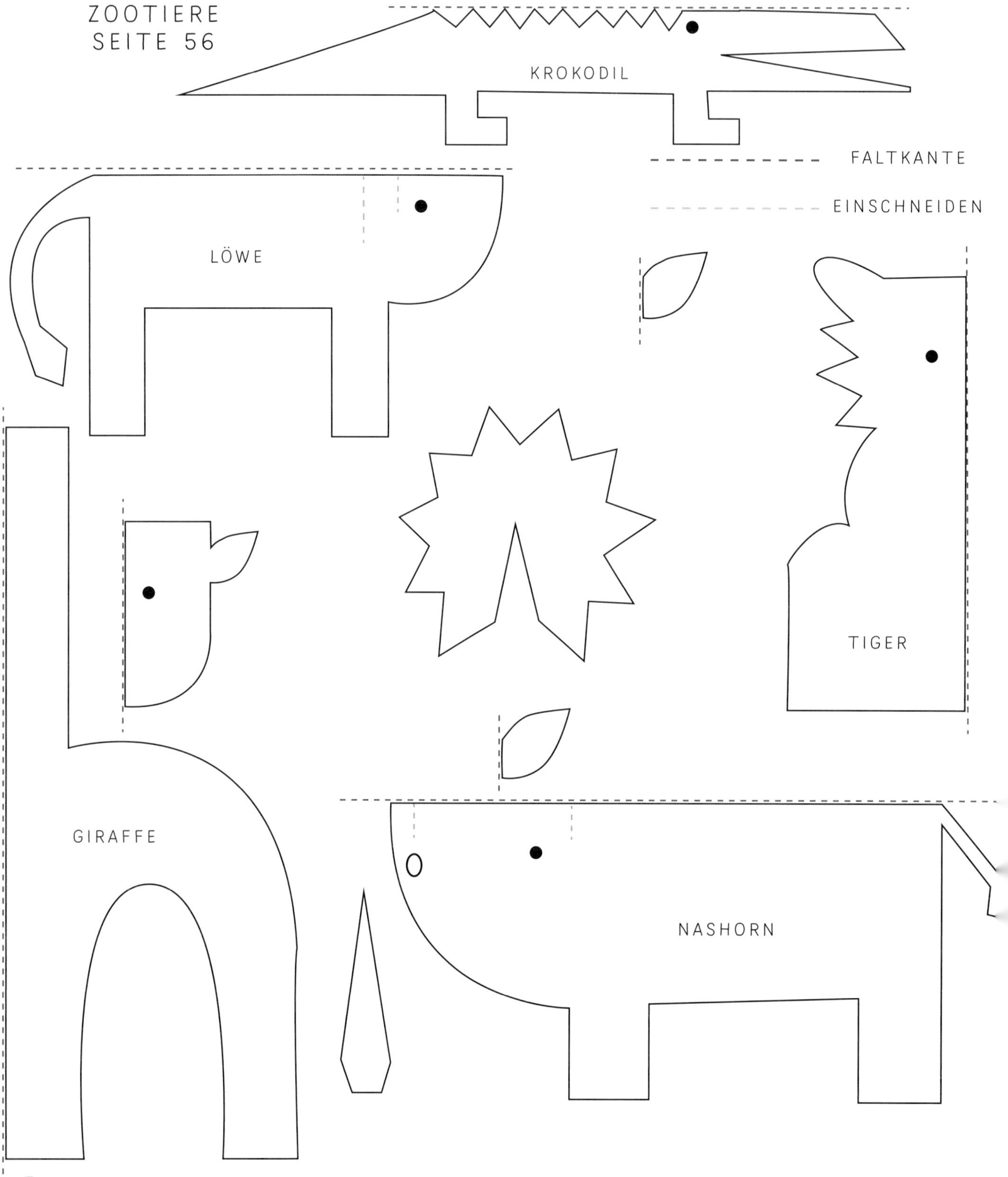

FEDERVORLAGE
SEITE 8

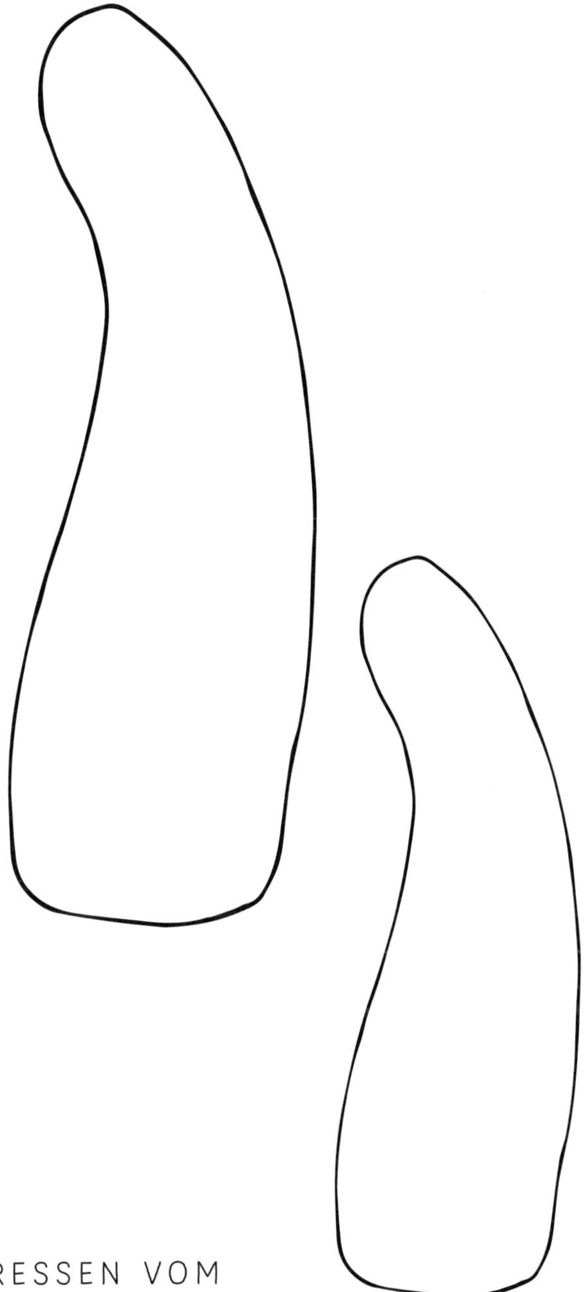

BALLONSCHABLONE
SEITE 20

ADRESSEN VOM
OSTERHASEN:

Hanni Hase
Am Waldrand 12
27404 Ostereistedt

An den Osterhasen
Siedlungsstraße 2
06295 Osterhausen

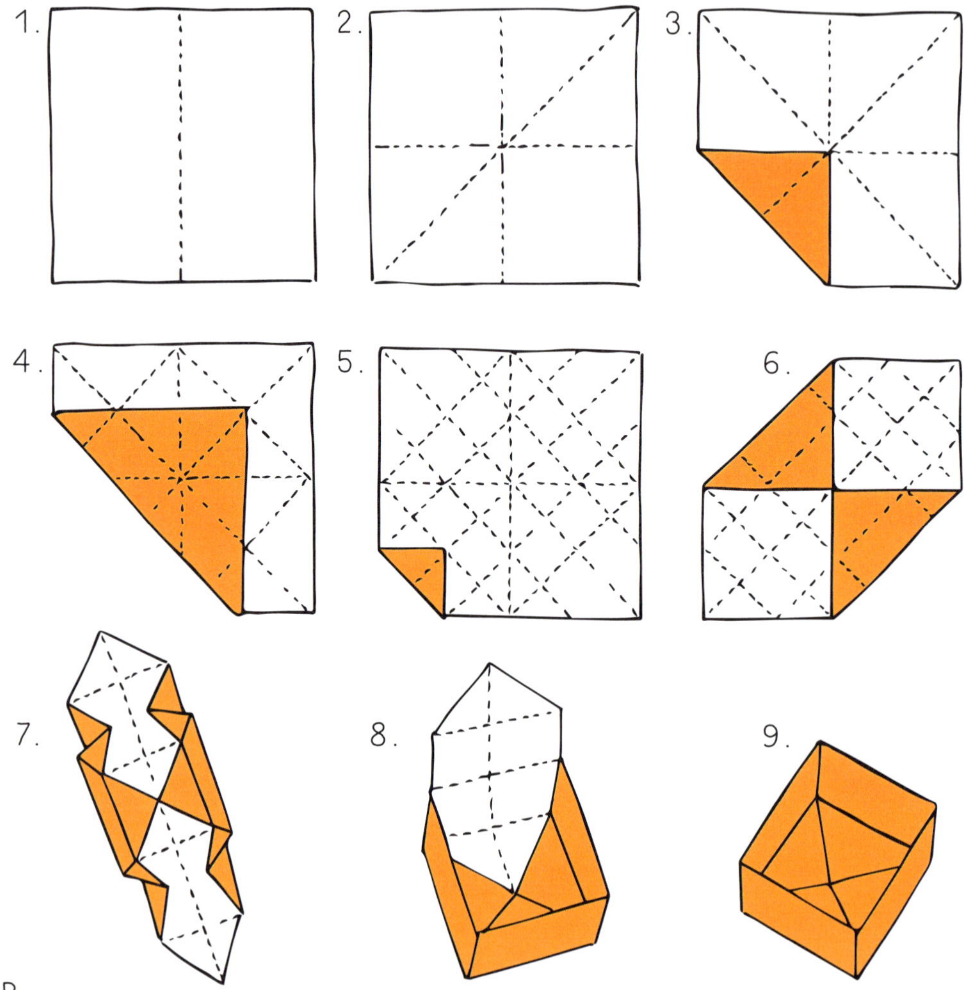


## BALLONKORB
SEITE 22

1. - 2. Einen quadratischen Bogen zunächst nach rechts über die Mitte falten und wieder öffnen. Dann nach unten falten und öffnen. Dann jeweils zu den Spitzen falten, wieder öffnen.

3. Nun alle Spitzen zur Mitte falten. Wieder öffnen.

4. Dann alle Spitzen bis zu den neu entstandenen Falzlinien falten. Und wieder zurück.

5. Und am Ende nochmals alle Spitzen zur unteren Falzlinien falten, so dass ein Bogen mit vielen kleinen Quadraten entsteht.

6. Die rechte und linke Spitze nun bis zur Mitte einschlagen.

7. Die äußere Quadratreihe nach oben stellen und den oberen Teil an den Falzkanten einschlagen.

8. Umknicken und die kleine Spitze auf den Boden drücken. Auf der gegenüberliegenden Seite ebenso verfahren.

9. Alle Kanten noch einmal fest andrücken. Evtl. die kleinen Dreiecke auf dem Boden festkleben.

FAULTIERGIRLANDE
SEITE 16

PIRATEN
SEITE 48

SPRECHBLASEN
SEITE 48

STEMPEL FÜR
GESCHENKPAPIER
SEITE 52

FLIEGENDER HASE
SEITE 12

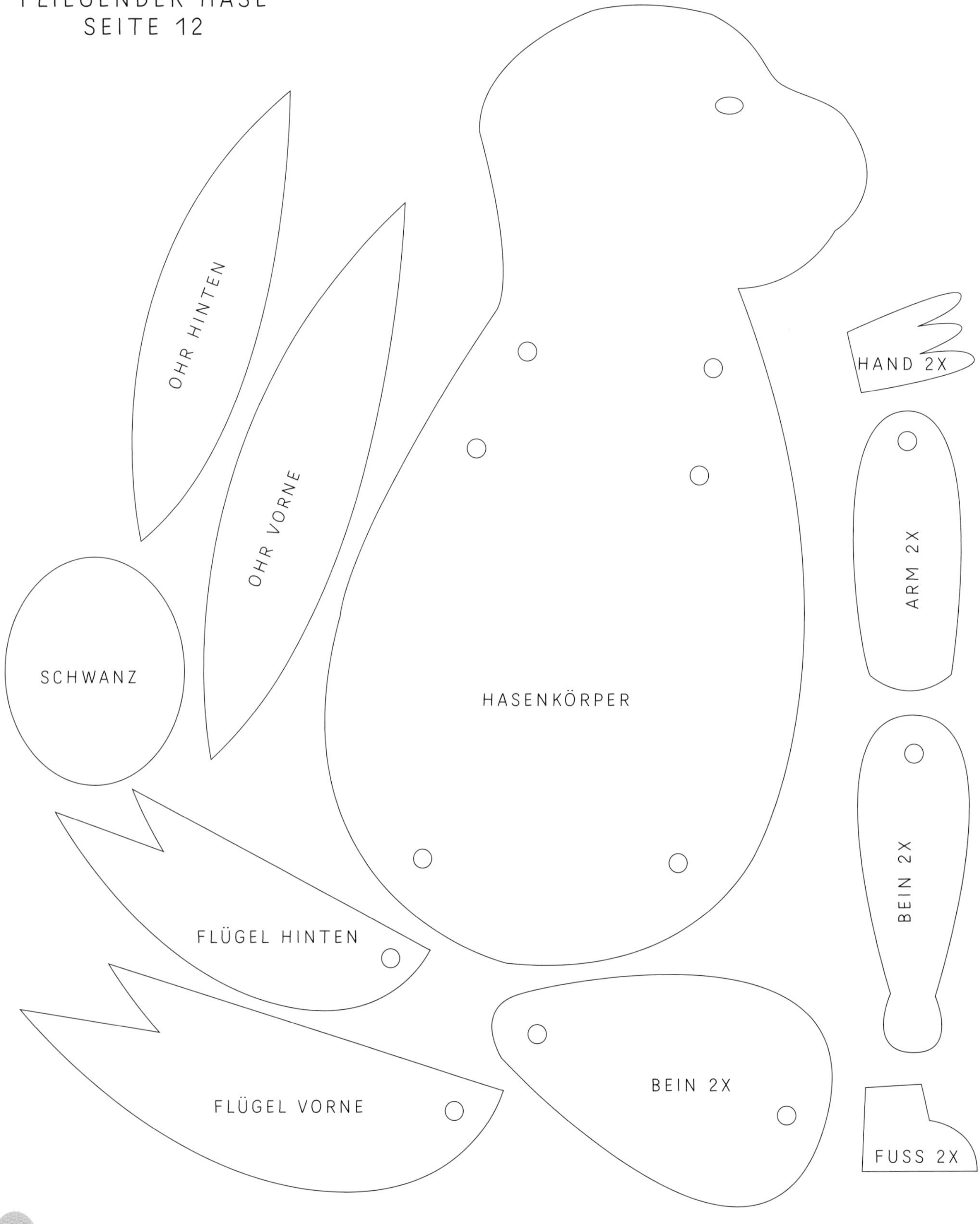

# Ebenfalls erhältlich ...

ISBN 978-3-8411-0245-4

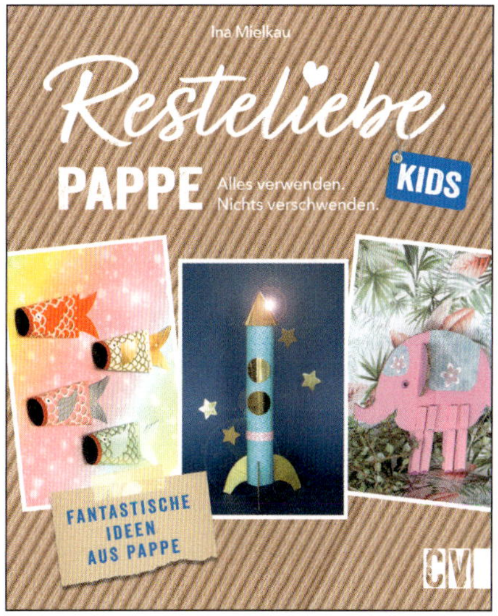


ISBN 978-3-8411-0260-7

ISBN 978-3-8411-0255-3

ISBN 978-3-8411-0254-6

CV

www.christophorus-verlag.de

# IMPRESSUM

Autorin: Ina Mielkau
Fotos und Illustrationen: Ina Mielkau
Produktmanagement: Svenja Wiglinghaus
Lektorat: Sigrun Borstelmann
Korrektorat: Anna Maier
Umschlaggestaltung: Ina Mielkau
Layout und Satz: Ina Mielkau
Repro: LUDWIG:media
Herstellung: Kathleen Baumann
Printed in Poland by Dimograf

★★★★★

Sind Sie mit diesem Titel zufrieden? Dann würden wir uns über Ihre Weiterempfehlung freuen. Erzählen Sie es im Freundeskreis, berichten Sie Ihrem Buchhändler oder bewerten Sie beim Onlinekauf.
Und wenn Sie Kritik, Korrekturen oder Aktualisierungen haben, freuen wir uns über Ihre Nachricht an Christophorus Verlag, Postfach 40 02 09, 80702 München oder per E-Mail an lektorat@verlagshaus.de.

Unser komplettes Programm finden Sie unter

www.christophorus-verlag.de

Alle gezeigten Modelle, Illustrationen und Fotos sind urheberrechtlich geschützt. Eine gewerbliche Nutzung ist untersagt. Dies gilt auch für eine Vervielfältigung bzw. Verbreitung über elektronische Medien. Autorin und Verlag haben alle Angaben und Anleitungen mit größtmöglicher Sorgfalt zusammengestellt. Dennoch kann bei Fehlern keinerlei Haftung für direkte oder indirekte Folgen übernommen werden.
Materialien und Projekte können von den jeweiligen Originalen abweichen. Die bildliche Darstellung ist unverbindlich. Sollte dieses Werk Links auf Webseiten Dritter enthalten, so machen wir uns die Inhalte nicht zu eigen und übernehmen für die Inhalte keine Haftung.
In diesem Buch wird aus Gründen der besseren Lesbarkeit das generische Maskulinum verwendet. Weibliche und anderweitige Geschlechteridentitäten werden dabei ausdrücklich mitgemeint, soweit es für die Aussage erforderlich ist.

Die Deutsche Nationalbibliothek verzeichnet diese Publikation in der Deutschen Nationalbibliografie; detaillierte bibliografische Daten sind im Internet über http://www.dnb.de abrufbar.

© 2022 Christophorus Verlag in der Christian Verlag GmbH, Infanteriestraße 11a, 80797 München

Alle Rechte vorbehalten.

ISBN 978-3-8411-0258-4

## Kreativ-Service

Sie haben Fragen zu den Büchern und Materialien? Frau Erika Noll ist für Sie da und berät Sie rund um alle Kreativthemen. Rufen Sie an! Wir interessieren uns auch für Ihre eigenen Ideen und Anregungen. Sie erreichen Frau Noll per E-Mail: **kreativ-service@c-verlag.de** oder **Tel.: + 49 (0)89 - 1306 99 - 577.**

Besuchen Sie uns im Internet: www.christophorus-verlag.de & www.selbstgemacht.de